DISCOURS

PRONONCÉS LE 3 SEPTEMBRE 1880

SUR LA TOMBE DE

M. EDME-PIERRE PLOIX

AVOUÉ HONORAIRE,
ANCIEN MAIRE DE VERSAILLES,
ANCIEN MEMBRE DU CONSEIL GÉNÉRAL DE SEINE-ET-OISE,
ANCIEN PRÉSIDENT DE LA SOCIÉTÉ D'AGRICULTURE
ET DES ARTS DE SEINE-ET-OISE
ET DE LA SOCIÉTÉ DES SCIENCES MORALES, LETTRES ET ARTS
DE SEINE-ET-OISE.

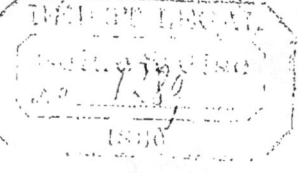

DISCOURS DE M. DEROISIN

MAIRE DE VERSAILLES.

Messieurs,

Comme Maire de Versailles, je dois faire entendre quelques paroles devant la tombe qui va se fermer. M. Ploix tient une grande place dans l'histoire de notre administration municipale. Cette histoire ne date pas encore d'un siècle, et le nom de M. Ploix en a rempli près de trente années.

Elu au Conseil municipal en 1843, M. Ploix fut immédiatement appelé aux fonctions d'adjoint qu'il a exercées pendant huit ans : à deux reprises, de 1843 à 1848, et de 1849 à 1852. A la fin de 1863, il devint Maire ; il a conservé ces fonctions jusqu'en 1870.

Pendant tout le cours de sa carrière municipale, il a été un des membres les plus considérables du Conseil. Il le devait avant tout à l'instruction spéciale qu'il avait acquise, qu'il ne cessait d'étendre et qui constituait une haute culture administrative. M. Ploix éclairait les travaux du Conseil par une connaissance parfaite des principes d'administration et des dispositions de lois qui s'y rapportent. Il se distinguait par la sûreté de ses jugements, la logique de ses exposés, la lucidité de sa discussion ; sa parole, simple et facile, ne manquait ni d'art, ni d'agrément. Il a pris une part prépondérante à l'étude des principales questions administratives et à l'examen des budgets. La série de ses rapports forme un ensemble d'un grand intérêt.

Lorsqu'en 1860, la population de Versailles crut son indépendance municipale menacée, elle porta ses suffrages, en grand nombre, sur M. Ploix, pour manifester sa résistance. Il a eu l'insigne honneur d'être choisi comme représentant de l'esprit libéral qui se réveillait.

Trois ans après, la mairie était vacante ; M. Ploix, à la suite d'un intérim prolongé, dut être, sur le vœu du conseil municipal, accepté par l'autorité supérieure. Il signala son installation par un discours dont les affirmations libérales furent remarquées dans la presse de Paris. M. Ploix, se conformant aux maximes du temps où il était entré dans la vie publique, n'admettait pas qu'on pût s'élever aux fonctions municipales et s'y maintenir sans l'assentiment des élus de la cité. En 1868, à l'occasion d'un vote mal interprété, il ne consentit à conserver ses fonctions que sur une manifestation de ses collègues du Conseil.

Dans ses fonctions de maire, M. Ploix a montré les hautes qualités de l'administrateur et celles qui tenaient au caractère de l'homme privé, telles que l'impartialité et la bienveillance. Les conditions de l'administration de la ville de Versailles n'étaient pas les mêmes qu'aujourd'hui : on ne l'oubliera pas en jugeant les actes du maire de 1863. En présence des initiatives sans frein qu'encourageait l'administration supérieure, il appliquait toute sa prudence dans la gestion des finances et dans l'exécution de grands projets qui pouvaient les engager. En tout, il cherchait à faire prévaloir l'économie et la règle. Il est resté fidèle aux traditions administratives et financières que les dépositaires de l'autorité municipale ne doivent jamais perdre de vue. Il ne faut pas s'exagérer la place que nos actes prennent dans la mémoire des générations qui nous suivent, mais l'administration de M. Ploix est de celles qui laisseront un souvenir.

Dans l'histoire municipale, il est plus facile d'atteindre à l'impartialité, car son objet rentre dans le domaine des affaires, et ceux qui prennent part aux luttes qu'il comporte, peuvent, sans peine, se rendre une mutuelle justice. Mon honorable prédécesseur, animé d'un sentiment de respect impartial, me disait que parmi les images des anciens maires qu'il a réunies, M. Ploix avait sa place marquée même de son vivant. Il faisait bien comprendre qu'à travers les dissentiments inséparables de la pratique de la vie publique, un même hommage est dû à tous ceux qui ont mis, comme M. Ploix, leurs forces, leurs lumières et leur dévouement au service de la ville de Versailles.

DISCOURS DE M. RIGOLLET

SYNDIC DE LA CHAMBRE DES AVOUÉS.

Je voudrais bien, Messieurs, ne pas prolonger plus longtemps de si douloureux moments ; cependant permettez-moi, au nom de la compagnie des avoués de Versailles, de rendre un dernier hommage à notre cher et ancien confrère.

En 1826, Edme-Pierre Ploix, avocat, entrait dans notre compagnie.

Aussitôt il y révèle ces solides et brillantes qualités qui devaient le porter si vite au premier rang.

Sa science du droit, sa connaissance parfaite des affaires et la sûreté de son jugement le font bientôt remarquer de ses confrères.

Après un an d'exercice, il est porté par leurs suffrages à la chambre de discipline et obtient ainsi par acclamation une distinction jusqu'alors réservée à une longue épreuve.

Certaines de nos prérogatives étaient en ce moment menacées ; il fallait un défenseur habile pour les soutenir ; et c'est Ploix, le plus jeune de tous, que tous chargent de ce soin.

Ses généreux efforts sont couronnés d'un plein succès. Deux fois nos droits sont méconnus par la juridiction du premier degré, deux fois sa parole émue obtient justice de la juridiction supérieure. La cour, en sanctionnant ses éloquentes plaidoiries, lui décernait en outre des éloges personnels.

Il me semble encore entendre nos anciens se glorifier de la rare habileté de leur jeune confrère.

La clarté de sa méthode, l'enchaînement de ses pensées et la précision de ses raisonnements, ouvraient les yeux des moins clairvoyants et pénétraient les intelligences les plus paresseuses et les plus rebelles.

Les arguments spécieux de ses adversaires étaient toujours étouffés sous les étreintes de son impitoyable logique. Le bon droit seul trouvait grâce devant lui.

Qui n'a pas admiré son esprit calme, toujours en possession de lui-même, et ne faisant jamais appel à la passion que pour échauffer et vivifier un sentiment généreux.

Tel s'est fait connaître Ploix que ses confrères appelaient à la tête de leur compagnie dès l'année 1834.

Alors se révèle chez lui cet esprit d'administration qui lui a fait jeter un si brillant éclat dans les hautes assemblées où il devait bientôt siéger.

Défenseur infatigable des intérêts de sa compagnie, rien n'échappait à ses investigations.

Sans altérer la douceur et l'aménité de son caractère, il savait au besoin faire accepter une équitable sévérité.

Dans les conseils, ses avis prévalaient presque toujours; n'étaient-ils pas en effet marqués au coin du bon sens et de la maturité.

Comment ne pas les accepter, présentés avec tant de modestie, de bonté et de désintéressement?

Réélu en 1841, il était encore président de sa compagnie lorsqu'en 1843 il crut devoir se séparer d'elle pour se livrer tout entier à ses nouvelles fonctions de conseiller municipal et d'adjoint au maire de la ville de Versailles.

Mais ses anciens confrères lui ont donné un dernier gage de leur estime, de leur affection et de leurs regrets en se le rattachant par les liens de l'honorariat.

Je vous ai dit, Messieurs, ce qu'a été le confrère que

nous pleurons. Pour nous il était « *Vir bonus dicendi peritus* » mais pour tous il était *l'homme de bien*.

Adieu, cher et ancien confrère, recevez ici le dernier témoignage de notre affectueuse estime.

DISCOURS DE M. LE DOCTEUR REMILLY

VICE-PRÉSIDENT DE LA SOCIÉTÉ D'AGRICULTURE ET DES ARTS DE SEINE-ET-OISE.

Messieurs,

En l'absence du Président de la Société d'Agriculture de Seine-et-Oise, le devoir m'incombe comme son vice-président d'adresser, au nom de tous mes collègues, un dernier adieu à l'homme éminent dont nous accompagnons la dépouille mortelle jusqu'à sa dernière demeure, dont l'esprit nous a tant de fois instruits et éclairés.

Car, dans une Société d'Agriculture, on ne s'occupe pas seulement de culture, d'économie des animaux, des sciences et des arts appliqués, mais encore d'économie rurale et de législation.

C'est à cette dernière section qu'appartenait M. Ploix ; et, sans craindre de blesser le mérite de ceux qui la composent, et qui étudient les questions les plus délicates et les plus épineuses, je ne crains pas de dire, comme un dernier hommage à la mémoire de celui que nous pleurons, qu'il était une des plus vives lumières de notre Société.

Nous avons encore présente à l'esprit, cette dernière étude sur la constitution des banques et du crédit agricoles, dans laquelle M. Ploix nous étonnait dernièrement, autant par la profondeur des ses connaissances, que par la vivacité et la jeunesse de son esprit. Joignons à cela sa bienveillance, aussi grande que sa modestie, la noblesse de son caractère, et tous, vous comprendrez nos regrets que vous partagez, pour un de nos doyens, car M. Ploix était entré dans notre société en 1845.

Pour de plus éminents services, la mémoire de M. Ploix vient d'être louée ; mais nous devions exprimer ici l'affection, l'estime et le respect de tous les membres de la Société d'Agriculture du département. En leur nom à tous, j'adresse à M. Ploix un suprême adieu.

DISCOURS DE M. ANQUETIL

SECRÉTAIRE PERPÉTUEL DE LA SOCIÉTÉ DES SCIENCES MORALES.
LETTRES ET ARTS DE SEINE-ET-OISE.

Messieurs,

L'homme de bien dont Versailles pleure aujourd'hui la perte, le confrère bien-aimé qui laisse dans les rangs de la Société des Sciences morales un vide qu'elle sentira longtemps, ne fut point l'un des ouvriers de la première heure : ceux-ci, la mort les a presque tous moissonnés, les uns dans la force de l'âge, les autres comblés de jours et déjà parvenus au terme naturel de l'existence. La Société était fondée depuis un an, lorsque M. Ploix commença d'en faire partie en qualité d'associé libre : deux ans plus tard, en 1837, un vote unanime l'appelait à occuper une place vacante parmi les membres titulaires. Les devoirs rigoureux de sa profession lui laissaient trop peu de loisirs pour qu'il pût non-seulement prendre une part active aux travaux de la Société naissante, mais encore assister régulièrement aux séances. Sa modestie, d'ailleurs, et une défiance excessive de lui-même faisaient qu'il hésitait à se produire et à sortir de l'ombre discrète qui convenait à ses goûts et à son tempérament. Mais il ne tarda pas a nous dédommager de ce retard involontaire d'une année.

Aussi fut-il appelé, dès 1843, aux honneurs de la présidence, et dix ans plus tard investi de nouveau des mêmes fonctions. Nos suffrages unanimes les lui auraient décernées plus d'une fois encore, si chacun de nous ne se fût fait scrupule d'abuser de son zèle, alors que tant de travaux administratifs lui dérobaient la meilleure part de ses journées.

Notre règlement impose au président l'obligation de prononcer dans notre séance générale annuelle un discours dont l'insertion parmi nos mémoires, simple usage à l'origine, ne tarda pas à devenir une prescription réglementaire. Les deux discours prononcés par M. Ploix en quittant la présidence ne sont point de ceux qu'on oublie ; ils sont de ceux qu'on aime à relire, parce qu'ils représentent fidèlement l'esprit et les tendances de la Société, mieux encore parce qu'ils nous offrent l'image vivante et parlante du confrère qui les a prononcés. Dans le premier, il discutait et ramenait à sa véritable signification une formule brillante, mais qu'on a souvent faussée à force de l'exagérer : « La littérature est l'expression de la Société. » Dans le second, il examinait s'il ne serait pas juste de faire remonter bien souvent jusqu'à l'histoire elle-même le reproche, qu'on a justement adressé au roman et au drame moderne, de pervertir les esprits, de corrompre les cœurs, et de se faire ainsi complice des aberrations morales dont s'alarment à bon droit les penseurs clairvoyants et soucieux de l'avenir.

Tous les travaux de M. Ploix, et la liste en serait longue, étaient empreints du même caractère. Soit qu'il s'occupât de législation et qu'il traitât du « Droit de capture et de course maritime »; soit qu'il abordât un jour l'histoire générale, un autre jour notre histoire nationale ou même la simple biographie d'un de nos concitoyens (M. Vauchelle) qui fut aussi maire de Versailles; soit qu'il discutât certaine théorie bizarre sur les motifs qui firent ériger les Pyramides; soit qu'il racontât ce qu'était pour un Français un voyage en Espagne au milieu du XVII° siècle et pour le président de Brosses un voyage en Italie cent ans plus tard; soit qu'il retraçât, pièces en main, les horribles empoisonnements dont les détails, aujourd'hui mieux connus, jettent une lueur sinistre sur les plus brillantes années d'un grand règne dont la gloire ne laissa pas d'être ternie plus d'une fois par d'étranges misères; soit que, dans de longues séries de véritables leçons écoutées avec un intérêt toujours croissant, il passât en revue les vastes compositions historiques de Sismondi, de Henri Martin, de Michelet, de Thiers, de Mommsen, de Macaulay, ou qu'il démasquât les mensonges que les pamphlétaires d'Outre-Rhin ont qualifiés d'histoire, M. Ploix pesait tout dans la même balance. La morale était l'unique base sur laquelle il fondait ses jugements ou plutôt ses arrêts, la morale universelle, immuable, non pas celle que le sophisme a misérablement morcelée, une petite, faite et bonne pour les faibles et les petits, une grande, bonne et faite pour les grands, les puissants, les conquérants et tous les oppresseurs de la liberté et de la conscience.

Que de fois ne nous est-il pas arrivé de penser et de dire, en écoutant ces leçons ou plutôt ces entretiens familiers où la vérité morale, simple et sans vain dogmatisme, atteignait à la plus haute éloquence : « Voilà les solides enseignements qu'il siérait de donner aux peuples et surtout à leurs chefs et à leurs guides, de quelque nom qu'on les appelle ! » Que de fois nous nous prenions à répéter : « M. Ploix était né pour occuper avec honneur pour lui-même, avec profit pour tous, une chaire de droit ou de morale, de littérature ou d'histoire, dans l'un des grands établissements de l'Etat ! »

De tant de belles leçons, que reste-t-il aujourd'hui ? de brèves et froides analyses éparses dans les rapports annuellement lus dans nos séances solennelles !

En 1878, déjà octogénaire, et malgré la rigueur de l'hiver, notre confrère, dont l'âge n'avait point affaibli les facultés ni assombri la douce sérénité, ne reculait pas devant la tâche d'improviser encore devant un nombreux auditoire une de ces fortes leçons d'histoire qui nous charmaient ; devant la tâche de la rédiger ensuite pour en faire jouir ceux qui n'avaient point eu la bonne fortune d'entendre la parole si nette et si entraînante d'un historien moraliste qui se désintéressait pleinement de lui-même, et songeait, comme le grand orateur d'Athènes, « non à plaire, mais à éclairer ».

Longtemps le bonheur domestique, longtemps les pures joies de la famille furent les hôtes de son foyer, et nul ne les méritait, nul ne les goûtait mieux. Heureux père ! disions-nous ; et qui n'eût pensé qu'il le serait jusqu'au bout ? Dieu ne l'a point voulu. Le sage, le chrétien s'inclina sous le terrible coup qui le frappait il y a un an, et qui nous frappait tous avec lui ; mais il était aisé de voir que la sérénité qu'il semblait garder encore ne méritait plus ce nom et n'était plus au fond qu'une pieuse résignation ; ni sa famille ni ses amis ne s'y trompaient, la blessure était incurable.

Cette résignation communicative, qui se manifestait sans éclat et sans faste dans tous ses actes, dans tous ses entretiens, il la devait à ces saines et solides croyances morales et religieuses qu'inspire à l'homme le noble et fier sentiment de son libre arbitre et de sa responsabilité devant le Créateur ; il la devait à sa pieuse compagne et à toute sa famille réconfortée dans son immense douleur par le courage de son chef ; il la devait aussi, et pour une forte part, au culte désintéressé des sciences morales, des belles-lettres, des humanités (il aimait à les appeler de ce vieux nom) qui ne sont point ingrates envers ceux qui ont eu le bonheur de les aimer pour elles-mêmes. Permettez-moi donc de vous rappeler en les traduisant les belles paroles de l'orateur romain que notre confrère n'avait jamais oubliées, et les dernières qu'il m'ait adressées à moi-même quelques semaines avant sa mort : « Les autres délassements ne sauraient convenir à tous les états de la vie, à tous les âges, à tous les lieux ; les lettres nourrissent notre jeunesse, charment nos vieux ans ; elles servent d'ornement au bonheur, d'asile et de consolation à l'adversité ; elles récréent l'homme sous le toit domestique et ne l'embarrassent point au dehors ; elles veillent avec nous ; en voyage, à la campagne, partout elles se retrouvent avec nous. » M. Ploix les a trouvées, ces douces et fidèles consolatrices, jusqu'au seuil même du tombeau.

www.ingramcontent.com/pod-product-compliance
Lightning Source LLC
Chambersburg PA
CBHW071424060426
42450CB00009BA/2001